ASIA

Alexis Roumanis

www.av2books.com

Spanish & English eBooks
AV² BY WEIGL™
ADDED VALUE · AUDIO VISUAL

El enriquecido libro electrónico AV² te ofrece una experiencia bilingüe completa entre el inglés y el español para aprender el vocabulario de los dos idiomas.

This AV² media enhanced book gives you a fully bilingual experience between English and Spanish to learn the vocabulary of both languages.

CÓDIGO DEL LIBRO
BOOK CODE

M854899

Spanish   **English**

Navegación bilingüe AV²
AV² Bilingual Navigation

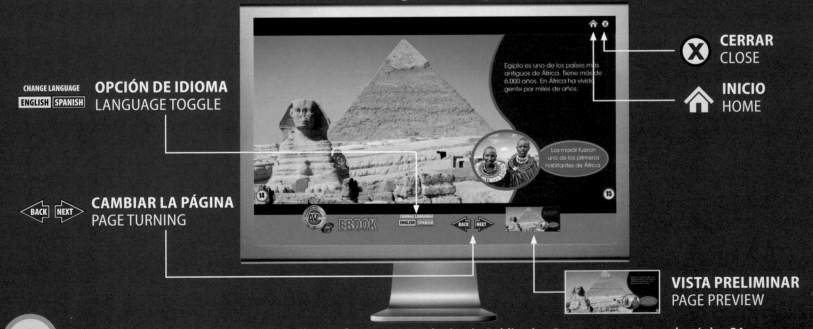

CHANGE LANGUAGE
ENGLISH SPANISH
OPCIÓN DE IDIOMA
LANGUAGE TOGGLE

CAMBIAR LA PÁGINA
PAGE TURNING
BACK NEXT

X CERRAR
CLOSE

INICIO
HOME

VISTA PRELIMINAR
PAGE PREVIEW

ASIA

ÍNDICE

**Bienvenidos a Asia.
Es el continente más grande.**

Esta es la forma de Asia.
Europa está al oeste
de Asia. Australia y
la Antártida están
al sur.

¿Dónde está Asia?

Océano Ártico

Océano Ártico

América del Norte

Europa

ASIA

Océano Pacífico

Océano Atlántico

África

Océano Pacífico

América del Sur

Océano Índico

Australia

N

O E

S

Antártida

Hay tres océanos que
bañan la costa de Asia.

Asia está formada por muchos tipos de terrenos diferentes. En Asia hay desiertos, montañas, llanuras y selvas tropicales.

El río Yangtsé es el más largo de Asia.

El Mar Caspio es el lago de agua salada más grande del mundo.

El desierto de Gobi es el más grande de Asia.

El monte Everest es la montaña más alta del mundo.

El lago Baikal es el más profundo del mundo.

El tigre es el felino más grande del mundo.

El dragón de Komodo es el lagarto más grande del mundo.

El elefante asiático es el animal más grande de Asia.

10

En Asia viven animales únicos en el mundo. Hay muchos tipos diferentes de animales que viven allí.

Quedan menos de 10.000 osos panda adultos en la naturaleza.

El animal terrestre más rápido de Asia es el antílope negro.

En Asia hay muchos tipos diferentes de plantas.

Las flores de la higuera están dentro del fruto.

El bambú puede crecer hasta 130 pies (40 metros) de alto.

En Irán hay un ciprés que es el árbol más antiguo de Asia. Tiene 4.000 años.

Se come más arroz
que cualquier otra
comida del mundo.

Los naranjos son
originarios de Asia.

China es uno de los países más antiguos de Asia. Tiene más de 4.000 años. En Asia ha vivido gente por miles de años.

Los naga fueron uno de los primeros habitantes de Asia.

En Asia viven muchos tipos de personas. Cada grupo de personas es especial a su modo.

Las mujeres Hmong de China usan joyas de plata durante las fiestas.

Los samuráis japoneses usan una armadura especial para protegerse.

Las mujeres indias se envuelven en telas coloridas llamadas saris.

Los monjes budistas de Tailandia suelen usar túnicas anaranjadas.

En Asia viven más de 4.300 billones de personas. El país asiático más grande es China.

En Tokio, Japón, viven más personas que en cualquier otra ciudad del mundo.

Hay muchas cosas que solo se pueden encontrar en Asia. Llega gente de todas partes del mundo a visitar este continente.

La Gran Muralla China tiene más de 5.000 millas (8.000 kilómetros) de largo.

Se tardó más de 2.000 años en construir las terrazas de arroz de Banaue, en Filipinas.

Los Guerreros de Terracota son estatuas de tamaño natural que se encuentran cerca de la ciudad de Xi´an.

El Palacio Potala del Tíbet fue construido hace más de 1.400 años.

Millones de personas visitan el Taj Mahal de la India todos los años.

21

Cuestionario sobre Asia

Descubre cuánto has
aprendido sobre el
continente asiático.

¿Qué te dicen estas
imágenes sobre Asia?

¡Visita www.av2books.com para disfrutar de tu libro interactivo de inglés y español!

Check out www.av2books.com for your interactive English and Spanish ebook!

(1) **Entra en www.av2books.com**
Go to www.av2books.com

(2) **Ingresa tu código**
Enter book code

M854899

(3) **¡Alimenta tu imaginación en línea!**
Fuel your imagination online!

www.av2books.com

Published by AV² by Weigl
350 5th Avenue, 59th Floor New York, NY 10118
Website: www.av2books.com

Library of Congress Control Number: 2015953887

ISBN 978-1-4896-4278-3 (hardcover)
ISBN 978-1-4896-4279-0 (single-user eBook)
ISBN 978-1-4896-4280-6 (multi-user eBook)

Printed in the United States of America in Brainerd, Minnesota
1 2 3 4 5 6 7 8 9 0 19 18 17 16 15

112015
101515

Project Coordinator: Jared Siemens
Spanish Editor: Translation Cloud LLC
Designer: Mandy Christiansen